GEDANKEN BIBLIOTHEK

FANTASIEREICHE GESCHICHTEN MIT FABULA DESIGN

Impressum

1.Auflage
Deutsche Erstausgabe Januar 2022

Umschlaggestaltung von Juliana Fabula | Grafikdesign
Unter der Verwendung von Grafiken:
shutterstock.com: AlexRoz; Nik Merkulov; Klavdiya Krinichnaya;
andreiuc88; ivan_kislitsin; Tithi Luadthong;
Siam SK; diez artwork; mis-Tery

Innengestaltung und Satz von
© Juliana Fabula | Grafikdesign

www.julianafabula.de

Herstellung und Verlag:
BoD – Books on Demand, Norderstedt
ISBN: 9783755797432

FABULA DESIGN

https://julianafabula.de/grafikdesign/

Nicht nur der Inhalt eines Buches sollte überzeugen, sondern auch das Äußere, denn für einen guten ersten Eindruck gibt es keine zweite Chance! Das Cover ist meist ausschlaggebend, damit dein Buch in die Hand genommen wird. Es muss nicht nur in das Regal von Buchhandlungen und LeserInnen genretechnisch passen, sondern auch herausstechen und überzeugen. Egal ob E-Book, Paperback oder Hardcover – hier findet jede Geschichte das passende Cover.

WRITER'S SOUL

https://julianafabula.de/shop/

Hier findest Du Notizbücher, Blogplaner, Lesetagebücher und anderes nützliches für dein Leben innerhalb der Buchwelt.

Ein Kalender, welcher Dir hilft deinen Alltag zu organisieren, gleichzeitig aber auch deine Schreibziele und -erfolge festhalten. Lesetage- oder Blogbücher, die deinen Buchalltag festhalten und natürlich Notizbücher, in denen ihr all eure Gedanken festhalten könnt, die ihr auf jeden Fall notieren wollt!

JULIANA FABULA

https://julianafabula.de/autorin-buecher

Hier werden nicht nur Geschichten erzählt, sondern auch erlebt. Gemeinsam erleben wir die zauberhaftesten Abenteuer, seid ihr bereit?

Reist nach Nebula Astéri der Sternnebelwelt. In dieser Welt findest du nicht nur neue Freunde, sondern auch Feinde die einem weit mehr als nur nach dem Leben trachten. Sie sind bereit, die Welt in Dunkelheit zu stürzen. Nur das Licht der Sterne kann sie noch aufhalten.

Ein märchenhaftes Abenteuer erwartet dich, denn in diesem fernen Universum trafen sich die Schöne und das Beast um gemeinsam gegen die Dunkelheit zu kämpfen!